Frïederika Karoline Weissenborn Neuber, Arthur Richter

Ein Deutsches Vorspiel

Friederika Karoline Weissenborn Neuber, Arthur Richter

Ein Deutsches Vorspiel

ISBN/EAN: 9783744656948

Hergestellt in Europa, USA, Kanada, Australien, Japan

Cover: Foto ©ninafisch / pixelio.de

Weitere Bücher finden Sie auf **www.hansebooks.com**

№ 63.　　　　　　　　　　　Neue Folge No. 18.

Deutsche Litteraturdenkmale

des 18. und 19. Jahrhunderts,

herausgegeben von **August Sauer**

EIN

DEUTSCHES VORSPIEL

VERFERTIGET VON

FRIEDERICA CAROLINA NEUBERIN

(1734)

ZUR

FEIER IHRES 200JÄHRIGEN GEBURTSTAGS

9. MÄRZ 1897

MIT EINEM VERZEICHNIS IHRER DICHTUNGEN

HERAUSGEGEBEN

VON

ARTHUR RICHTER

LEIPZIG

G. J. GÖSCHEN'SCHE VERLAGSHANDLUNG

1897

Druck von Carl Rembold in Heilbronn.

Vorrede.

Reiche Anerkennung hat Friederike Caroline Neuber bei ihren Zeitgenossen nicht nur als Schauspielerin und Reformatorin des deutschen Theaters, sondern auch als Dichterin gefunden. Schon früh fand ihre dichterische Gabe Beachtung. In demselben Teile seiner Ausgabe der Hoffmannswaldauschen Gedichte, in dem er die Hanckischen Gedichte einer scharfen Kritik unterzieht, veröffentlichte H. F. W. Juncker bereits 1727 unter den „Stücken unterschiedener höchstgeschickter und berühmter Meister und Künstlerinnen" auch einige der Neuberschen Gedichte, und wenn Jac. Stählin in der Vorrede zur Uebersetzung der Maffeischen Lycoris 1734 die Neuberin als „eine feine deutsche Dichterin" rühmt,[1]) so trifft sein Urteil mit dem des damaligen Curators der preussischen Universitäten, des Geh. Rats Freiherrn von Bielefeld zusammen, der in seinem anonym herausgegebenen „*Progrès des Allemands dans les sciences, les belles-lettres et les arts*" 1752 das dichterische Talent der Neuberin hervorhebt.[2]) Und selbst Gottsched und Lessing, die beiden massgebenden litterarischen Kritiker

---

[1]) Mitgeteilt von Creizenach im Archiv für Litteraturgeschichte 14 (1886), 111.

[2]) S. 197: *Outre son talent pour le théâtre, elle en a beaucoup pour la poésie, suite du génie et du goût avec lesquels elle est née.* Deutsch übersetzt von Ekhof im Theater-Journal für Deutschland, Gotha, 1780, St. 14, S. 31.

jener Zeit, haben der Neuberschen Dichtkunst ihre Anerkennung nicht vorenthalten. In der Vorrede zum
2. Band seiner „Deutschen Schaubühne" 1741 beant-
wortet Gottsched die Frage, wer wohl von den Mit-
gliedern der damaligen Comödiantengesellschaften mit
dem Namen eines „Poeten" geschmückt werden könne,
mit den Worten: „Uns ist noch zur Zeit niemand als
die Frau Neuberinn, die einige Vorspiele in Versen
gemacht, und Herr Koch, bekannt worden, der diesen
Namen durch die Verfertigung ordentlicher Schauspiele
verdient hätte." Und rühmend lässt sich Lessing 1754
über die Neuberin aus: „Man müsste sehr unbillig seyn,
wenn man dieser berühmten Schauspielerin eine voll-
kommene Kenntniss ihrer Kunst absprechen wollte.
Sie hat männliche Einsichten, nur in einem Artikel
verräth sie ihr Geschlecht. Sie tändelt ungemein gerne
auf dem Theater. Alle Schauspiele von ihrer Erfindung
sind voller Putz, voller Verkleidung, voller Festivitäten;
wunderbar und schimmernd" . . .[1])
Diesen Urteilen der Mitwelt gegenüber ist die ge-
ringe Beachtung und Würdigung, die der dichterischen
Thätigkeit der Neuberin seither zu teil geworden, nicht
gerechtfertigt.[2]) Da bisher selbst eine Uebersicht des

---

[1]) Christlob Mylius, Vermischte Schriften, gesammelt von
Gotth. Ephr. Lessing, Berlin 1754. S. XXXII.

[2]) Ausser der Seltenheit der Neuberschen Dichtungen.
ihrer schlechten Ueberlieferung mag hierbei Danzels Urteil
(Gottsched und seine Zeit, Leipzig 1848, S. 130. 134) mit-
gewirkt haben, der der Neuberin eine untergeordnete Stellung
gegenüber ihrem Manne zuweist. Soweit es sich um die
Reform des Repertoires handelt, können wir die Streitfrage
hier auf sich beruhen lassen. Auf Danzels seltsam begründete
Behauptung hin aber haben Fürstenau, Gruppe, Koberstein
u. a. auch die Dichtungen der Neuberin zum Teil auf Rechnung Joh. Neubers gesetzt — dem gegenüber müssen wir betonen, dass alle Dichtungen nur unter dem Namen der Frau,
keine unter dem des Mannes erschienen sind, und dass keiner
der Zeitgenossen — selbst nicht der Verfasser der „Probe
eines Heldengedichtes" der Neuberin die Verfasserschaft
abstreitet.

Materials fehlt, so versuche ich in folgendem ein Verzeichnis der zerstreuten Neuberschen Dichtungen zu geben und die Art der Ueberlieferung, die Drucke und sonstige Litteratur festzustellen.[1])

1) Trauergedicht beim Ableben Weissenborns, ihres Vaters, 5. März 1722, „das das erste war, so gedruckt von ihr zum Vorscheine kommen ist," so angeführt bei Zedler, Joh. Hnrch. Grosses vollständiges Universal-Lexicon aller Wissenschaften und Künste, Band 24 (Leipzig, Halle, 1740), Sp. 19. — Titel, Druckort unbekannt. — Nach Reden-Esbeck, Fr. J. Frhr. v., Carol. Neuber, Leipzig 1881, S. 3 starb Weissenborn am 9. März.

2) „Rede der Lucretia an ihren gemahl Tarquinium Collatinum"; abgedruckt in: Hoffmannswaldau, Gedichte Theil 7 (Frankfurt, Leipzig 1727) S. 17.

3) „An ein ledig Frauenzimmer, an ihren nahmenstag"; in Hoffmannswaldau a. a. O. S. 44, wegen der Chiffre F. C. N. vgl. Zedler a. a. O. Sp. 19.

4) Glückwünschungs-Gedichte, Braunschweig, 1731, März (?), zur Huldigung des Herzogs Ludwig Rudolf von Braunschweig-Wolfenbüttel, dessen Vorgänger Herzog August Wilhelm 23. März 1731 gestorben war. Angeführt bei Zedler Sp. 19.

5) „Bey der hohen Vermählung Ihr. königl. Hoheit Printz Friedrichs, Königlichen Cron-Printzens in Preussen, mit Der .. Printzessin Elisabeth, aus dem ... Hause

---

[1]) Ich verzeichne nur die Dichtungen, bei denen die Verfasserschaft der Neuberin feststeht. Daher lasse ich z. B. die Verse bei Fürstenau, Zur Geschichte der Musik und des Theaters am Hofe zu Dresden 2 (Dresden 1862), 319 (=Reden-Esbeck S. 98) unberücksichtigt, wenn sie auch vermutlich aus der Neuberschen Feder geflossen sind. — Andrerseits führe ich auch solche Vorspiele an, von denen uns nur kurze Theaterzettel — Notizen oder dergleichen überliefert sind — es liegt in der Natur des Materials, dass meine Angaben sehr verschiedenartiger Natur sind.

Braunschweig-Lüneburg-Bevern, in Saltzthal am 12.
Juny 1733 überreichte dieses . . . F. C. N." — Hamburg,
Stromer, fol. — Nach dem Exemplar in der Hamburger
Stadtbibliothek wieder abgedruckt von Fritz Winter in
der Vierteljahrschrift für Litteraturgeschichte 4 (Weimar 1891), 162—165. — Nach Zedler auch abgedruckt
in der Beschreibung des solennen Einzugs der Kron-
Printzessin Elisabeth und ihrer Abreise nach Berlin
20. Juni 1733, Magdeburg, bei Joh. Siegelers seel.
nachgel. Wittwe.

6) 4 Bittgesuche wegen des Streites mit dem Hof-
comödianten Müller, 1 an die Herzogin von Braunschweig 25. März 1734, 2 an Maria Josepha Chur-
fürstin von Sachsen, Königin von Polen, April 1734,
1 an den Grafen Brühl 17. Mai 1734. Die ersten 3
abgedruckt bei Reden-Esbeck S. 147—152, das 4. bei
Theodor Distel in der Vierteljahrschrift für Litteraturgeschichte 5 (Weimar 1892), 605,6.

7) „Ein deutsches Vorspiel . . . Aufgeführet auf
dem Leipziger Schauplatze im Monat Jun. 1734". Leipzig, Breitkopf 1734. 8. 31 S. vgl. unten am Schluss
der Einleitung.

8) Ein Epilog, aufgeführet in Lübeck am 26. November 1734, daselbst gedruckt in 8. Angeführt bei
Zedler a. a. O. Sp. 19.

9) „Die von der Tugend getröstete und von dem
Heldenmuth beschützte Guelphis", ein in Hamburg am
28. Mai 1735 zum Gedächtnis des Herzogs Ludwig
Rudolf von Braunschweig aufgeführtes Vorspiel, vgl.
Winter in der Vierteljahrschrift für Litteraturgeschichte
4, 166, daselbst auf Grund des Theaterzettels in Ham-
burg das Personenverzeichnis und Beschreibung der
Bühne.

10) Bey dem Ableben des Durchlauchtigsten Fürsten
und Herrn H. Ludwig Rudolf regier. Hertzogs zu Braunschweig, eine Trauerrede, Braunschweig, 1735. Angeführt bei Zedler, Sp. 20.

11) „Die dankbaren Schäfer"[1]) (Vorspiel zu Behrmanns Timoleon, Hamburg, 28. November 1735). Der
Theaterzettel, mit Prolog und Personenverzeichnis,
nach dem Exemplar in Hamburg bei Reden-Esbeck
S. 188. — Carol. Neuber wird auf dem Zettel nicht
als Verfasserin genannt, aber bedenkt man, dass der
Prolog bis auf einige Kürzungen und Aenderungen
mit dem Prolog zum Neuberschen Vorspiel „Die Herbstfreude" (siehe Nr. 15) übereinstimmt (vgl. Mentzel, Elise
Geschichte der Schauspielkunst in Frankfurt a. M.,
Archiv für Frankfurts Geschichte. Neue Folge 9, 1882,
165, und Heitmüller, Hamburgische Dramatiker, Dresden und Leipzig 1891, S. 19), und dass die Personen
zum Teil im Neuberschen „Schäferfest" (Nr. 35) wieder-
kehren, so wird man dieses Vorspiel ihr nicht abstreiten
dürfen. Auch bei Nr. 12 wird erst bei späterer Wieder-
holung die Neuberin als Verfasserin genannt.

12) „Die Umstände der Schauspiel-Kunst in allen
vier Jahres-Zeiten". Vorspiel zu Racines Britannicus,
Hamburg, 5. December 1735 und Frankfurt, 9. November 1736. Die Hamburger Aufführung wurde
wegen des anzüglichen Tones der Ankündigung vom
Hamburger Rate verboten, am 4. September 1738 jedoch brachte die Neubersche Gesellschaft dasselbe Stück
— wie das gleiche Personenverzeichnis beweist — unter
dem veränderten Titel: „Die Verbindung der vier Jahres-
zeiten" in Hamburg zur Aufführung. — Die Theaterzettel, in Hamburg und Frankfurt, enthalten nur das

---

[1]) Am 29. und 30. August 1735 wurde als Vorspiel zum
Julius Caesar in Hamburg „Die ruhige und gesegnete Woh-
nung der Weisheit, der Wahrheit, des Apollo und des Mer-
curius" gegeben. Der Prolog mit ausführlicher Inhaltsangabe
ist S. 180—3 abgedruckt bei Reden-Esbeck. Das Stück
ist wahrscheinlich von der Neuberin, doch fehlt ein sicheres
Zeugnis dafür. Dasselbe Stück scheint nach Mentzel a. a. O.
S. 169 im Oktober 1736 auch in Frankfurt aufgeführt worden
zu sein.

Personenverzeichnis, sie sind mitgeteilt bei Elise Mentzel,
a. a. O. S. 425 (S. 166 Besprechung des Stückes nach
einem in Frankfurt befindlichen Erklärungsheft?) und
bei Reden-Esbeck S. 191 und 234, erst bei dem letzten,
1738, wird die Neuberin als Verfasserin genannt.[1])
13) „Bey dem . . Geburts-Feste Jhr. Königl. Hoheit . . Carl Friderichs Erbens zu Norwegen, Herzogs
zu Schleswig, Holstein . . . Schrieb dieses . . . Friderica Carolina Neuberin. Den 30. April. 1736". Lübeck,
Chr. H. Willers. 1 Foliobogen. Nach dem Exemplar
in der Lübecker Stadtbibliothek abgedruckt bei Reden-
Esbeck S. 194—96.

14) „Ein deutsches Vorspiel, — genannt: Die von
der Weisheit wider die Unwissenheit beschützte Schauspiel-Kunst. An dem . . Geburts-Feste Jhr. Königl.
Hoheit . . Carl Friederichs, regier. Hertzogs von Schless-
wig-Holstein den 30. April 1736 aufgeführet". Lübeck,
Chrn Henr. Willers, 1736. 8. So angeführt bei Zedler
Sp. 20; vgl. dazu Gottsched, Nöthiger Vorrat zur Geschichte der deutschen dramatischen Dichtkunst 2 (Leipzig 1765), 271, Goedeke, Grundriss 3² 364. Eine kurze
Inhaltsangabe der Vorrede bei Danzel a. a. O. S. 135.
Reden-Esbeck hat kein Exemplar erlangen können, auch
meine Nachfragen in den Bibliotheken von Lübeck,
Dresden, Weimar, Berlin und Leipzig (Stadt- und Uni-
versitätsbibliothek) sind vergeblich gewesen.

15) „Die Herbstfreude" (Vorspiel zu Behrmanns
Horazier, Frankfurt a. M., 2. November 1736, vgl.
El. Mentzel a. a. O. S. 421—423 (daselbst Prolog, Per-
sonenverzeichnis und kurze Inhaltsangabe, nach der
Einladungsschrift in Frankfurt mitgeteilt). Ueber den
Prolog siehe oben Nr. 11. — Dieses Stück führt zwar
denselben Titel wie Nr. 35, ist aber dem Inhalt wie

---

[1]) Nach Schütze, Hamburgische Theatergeschichte S. 234
scheint die Neuberin zu diesem Stück auch in Hamburg
einen Prolog und einen Vorbericht herausgegeben zu haben.

dem Personenverzeichnis nach gänzlich von diesem verschieden.

16) „Die·Verehrung der Vollkommenheit durch die gebesserten deutschen Schauspiele. Ein deutsches Vorspiel wie es auf dem Schau-Platze in Strassburg am Schwör-Tage den 8. Januarii 1737. aufgeführet worden". Strassburg, M. Pauschinger, o. J. 8. 36 S. Nach einer Widmung und Vorrede das Vorspiel S. 11—32, S. 33—36: Epilog: „Die verneuerte Verbindung der Treue, der Ruhe, der Zufriedenheit und des Vertrauens". — Ein Exemplar befindet sich in der Stadtbibliothek zu Strassburg, daraus hat Schlenther im Archiv für Litteraturgeschichte 10, 453—76 das Vorspiel nebst Widmung und Vorrede mit Ausnahme des Epilogs herausgegeben.

17) Bey dem hohen Geburts-Feste Ihr. Königl. Majestät Ludovici XV. Königs in Frankreich und Navarra etc. Eine Glückwünschungs-Ode, Strassburg, M. Pauschinger, 15. Febr. 1737. Angeführt bei Zedler Sp. 20.

18) „Die grösste Glückseeligkeit in der Welt", Hamburg, 31. Juli 1737, Vorspiel zu Corneille's Polyeuctes, der Theaterzettel, mit Personenverzeichnis und kurzer Inhaltsangabe, nach dem Hamburger Exemplar mitgeteilt bei Reden-Esbeck S. 203, vgl. die Besprechung bei Schütze, Hamburgische Theater-Geschichte S. 230.

19) Vorspiel die Verbannung des Harlekin vom Theater behandelnd, Okt. 1737. Das Stück ist nicht gedruckt worden. Ueber diese Verbannung vgl. am ausführlichsten Creizenach, Wilh. Zur Entstehungsgeschichte des neueren deutschen Lustspiels (Halle 1879) S. 18—28; den Zweifel an der Verfasserschaft der Neuberin S. 24 (nach Prölss, Geschichte der neueren Dramas, Leipzig 1883, 3, 1, 345 verfasste Gottsched das Vorspiel!) halte ich gegenüber den Nachrichten in Löwens Schriften 4 (Hamburg 1766), 28 f. und in

(Schmid's) Chronologie des deutschen Theaters (1775) S. 77, der sich für seine Mitteilungen in der Vorrede ausdrücklich auf Koch, das langjährige Mitglied der Neuberschen Gesellschaft, beruft, nicht für berechtigt. Es liegt die Vermutung nahe, dass die Neuberin mit diesem Stück als Programm im Oktober 1737 ihr Theater in Leipzig eröffnete, als sie nach dreijähriger Abwesenheit zum ersten Mal wieder nach ihrem unglücklichen Streit mit dem Harlekin Müller offen in Concurrenz zur Müllerschen Gesellschaft trat.

20) Poetische Ansprache an den König von Polen und Churfürst von Sachsen Friedrich August II. in Hubertusburg, 5. November 1737, mitgeteilt bei Fürstenau a. a. O. 2, 383, Reden-Esbeck S. 222.

21) Gedicht an den Reichsgraf von Brühl 23. November 1737, mitgeteilt von Theod. Distel in der Vierteljahrschrift für Litteraturgeschichte 5 (1892), 51 f.

22) An dem hohen Geburtsfeste Sr. Königl. Majestät beyder Sicilien etc. Eine Glückwünschungs-Ode, Kiel, den 20. Januar 1738. Angeführt bei Zedler Sp. 20; unter dem König beyder Sicilien ist Don Carlos, der Sohn Philipps V. von Spanien, der spätere Karl III. von Spanien gemeint.

23) An dem hohen Namens-Feste . . Carl Friedrichs. regier. Hertzogs zu Schleswig-Holstein etc. Eine Glückwünschungs-Ode, Kiel, den 27. Januar 1738, gedr. bey Gottfried Bartsch. Angeführt bei Zedler Sp. 20.

24) „Der Ursprung der Schauspiele", Vorspiel zu Corneille's Polyeuctes, Hamburg, 30. April 1738, zur Geburtstagsfeier des Herzogs Carl Friedrich von Schleswig-Holstein aufgeführt. Der Theaterzettel, das Personenverzeichnis und eine kurze Inhaltsangabe enthaltend, nach dem Hamburger Exemplar bei Reden-Esbeck S. 227—9, Schütze a. a. O. S. 233.

25) „Der alte und neue Geschmack", Vorspiel zu Racine's Mithridates, Hamburg, 2. Juni 1738, der das

Personenverzeichnis enthaltende Theaterzettel nach dem
Hamburger Exemplar bei Reden-Esbeck S. 232.[1]
26) Bittgedicht an den Rat zu Leipzig, 15. November 1738. bei Reden-Esbeck S. 237.

27) Abschiedsrede in dramatischer Form, Hamburg,
Januar 1740: abgedruckt im Theater-Journal für Deutschland, St. 7, Gotha 1778, S. 3—11; Reden-Esbeck
S. 243—47. zum Teil bei Schütze a. a. O. S. 241, 2.

28) „Die Zufriedenheit", Vorspiel zum Regulus von
Pradon, Leipzig, 19. Juni 1741, ausführliche Inhaltsangabe in den „Belustigungen des Verstandes und des
Witzes" Heumonat, 1741, Leipzig S. 92—96, daraus
bei Reden-Esbeck S. 259—62.

29) Ein Vorspiel in Versen, am 3. August 1741
zum Namensfest des Churfürsten von Sachsen und
Königs von Polen Friedrich August II. aufgeführt; der
Inhalt des Stückes (nicht der Titel) in den Belustigungen etc. Herbstmonat 1741, S. 286; bei Reden-Esbeck S. 262.

30) „Der Tempel der Vorsehung", Vorspiel zu Racine's Iphigenia, zur Geburtstagsfeier des russischen
Kaisers am 23. August 1741 in Leipzig aufgeführt;
das Personenverzeichnis und kurze Inhaltsangabe in
den Belustigungen etc. Herbstmonat 1741 S. 287, desgleichen bei Reden-Esbeck S. 263.

31) „Der allerkostbarste Schatz",[2] ein deutsches

---

[1]) Nach Schütze a. a. O. S. 234 wurde dieses Stück
am 3. Juni 1738 als Vorspiel zu Kajus Fabrizius gegeben.
— Ueber die „Verbindung der vier Jahreszeiten" siehe
oben Nr. 12.

[2]) Hier würde nach dem von Rud. Grosse bearbeiteten
Register zur 4. Auflage von Hettners Litteraturgesch. d.
18. Jahrh. (Braunschw. 1894) die Burleske „das Schlaraffenland" anzuführen sein. Das „Schlaraffenland" ist eine freie
Bearbeitung von Le Grand's *Roi de Cocaigne,* vgl. Creizenach
a. a. O. S. 2; ein Theaterzettel dieses Stückes steht bei
Reden-Esbeck S. 106; dass die Bearbeitung von der Neuberin
stamme, ist nirgends angegeben.

Vorspiel, in Leipzig am 18. September und 4. Oktober 1741 aufgeführt, das Personenverzeichnis in den Belustigungen etc. Weinmonat 1741 S. 384, der Theaterzettel vom 4. Oktober bei Fürstenau a. a. O. 2, 379 und bei Reden-Esbeck S. 269. Ueber den Inhalt des nicht gedruckten Vorspiels vgl. das von Joh. Christ. Rost verfasste, anonym erschienene Gedicht: „Das Vorspiel, ein episches Gedicht" (Bern 1742 und öfter, 4. Aufl., mit neuen Anmerkungen vermehrt, in den „Critischen Betrachtungen und freyen Untersuchungen . . zur Verbesserung der deutschen Schaubühne" Bern 1743, S. 9—84), besonders Gesang 4. — Nach Meusel's Lexikon der v. J. 1750 bis 1800 verstorbenen teutschen Schriftsteller 10 (Leipzig 1810), 64 erschien das Neubersche Vorspiel 1741 in Leipzig in Druck, auf seiner Angabe beruht wohl die gleiche Angabe bei Rassmann, Frdrch., Lit. Handwörterbuch der verstorbenen deutschen Dichter (Leipzig 1826) S. 128 wie auch Jöcher-Rotermund's Gelehrten-Lexikon 5, 531 (Bremen 1816) auf Meusel verweist. Die Quellen Meusel's, (Schmid's) Chronol. des deutschen Theaters und Hirschings Historisch-litterarisches Handbuch, erwähnen nichts von einem Druck dieses Vorspiels; wäre es im Druck erschienen, würde dies wohl sicher bei Rost angeführt sein.

32) „Die Liebe der Unterthanen", ein deutsches Vorspiel, zum Geburtstagsfest des Churfürsten von Sachsen und Königs von Polen, Leipzig, den 6. Oktober 1741 aufgeführt; das Personenverzeichnis in den Belustigungen etc. Wintermonat 1741, S. 478, bei Reden-Esbeck S. 265.[1]

33) „Die närrischen Grillen", ein deutsches Schauspiel, den 19. November 1746 in Leipzig aufgeführt,

---

[1] Nach Elise Mentzel a. a. O. S. 199, 200 verfasste Car. Neuber 1745 in Frankfurt neue allegorische Festspiele und poetische Dankreden; ob diese erhalten sind, vermag ich nicht anzugeben.

vgl. den Theaterzettel und die Kritik über das Stück
in dem „Schreiben einer Comödiantin an die Verfasser"
(in den Bemühungen zur Beförderung der Critik Stück 16
Band 2 (Halle 1747), S. 730—34.[1])

34) Bittgedicht an den Graf von Hennicke, April
1749, abgedruckt im Archiv für sächsische Geschichte
Neue Folge 5, 177 f., bei Reden-Esbeck S, 325; Ergänzungen dazu von Theod. Distel in der Vierteljahrschrift für Litteraturgeschichte 5 (1892), 50 f.

35) a) „Die Herbstfreude, ein erdichtetes deutsches
Lustspiel, an dem glorreichen allerhöchsten Namenstage
Maria Theresia aufgeführet d. 15. Okt. 1753". Wien.
8. Angeführt bei Gottsched Nöthiger Vorrat 2, 281
unter 1753.

b) „Das Schäferfest oder die Herbstfreude. Ein
deutsches Lustspiel in Versen an dem . . Namensfeste
. . Maria Theresia . . aufgeführet in Wienn . . den
15. Oktob. 1753." (Wien) 1754. 8. 136 S., S. 1—131
das Lustspiel, dann folgt ein Epilog, in dem der Oktober, die Treue, die Liebe, die Freude, die Verehrung,
alle in Schäferkleidungen, auftreten. Bildet Nr. 3 von
der „Deutschen Schaubühne zu Wienn", Teil 5, Wienn,
J. P. Krauss, 1754. (Exemplare in Dresden, Berlin,
Weimar.) Vgl. Gottsched a. a. O. S. 282 unter 1754;
Goedeke a. a. O. S. 364; Urteile über dieses Stück bei
Genée, Rüd. Lehr- und Wanderjahre des deutschen
Schauspiels S. 384, und Netoliczka Die Schäferdichtung
und Poetik des 18. Jahrhunderts (Vierteljahrschrift für
Litteraturgeschichte 2 (1889), 67.)

36) Geburtstagsgedicht, der kleinen Ernestine Charl.
Wilhelm. Löber gewidmet, Dresden, den 9. Juli 1758,
abgedruckt in der Dresdner Morgenzeitung 1827, Sp.
1454—56.

---

[1]) Unter den in dem Schreiben angeführten „allemannischen Brüdern" wird das Trauerspiel von Benj. Ephr. Krüger
„Vitichab und Dankwart, die allemannischen Brüder" (Gottsched Nöthiger Vorrat 1, 323) Leipzig 1746 gemeint sein.

37) Dankgedichte, 26. December 1758 und 18. Februar 1759, abgedruckt im Theater-Kalender auf das Jahr 1777, Gotha, S. 81—84, ferner im Tagebuch des kgl. sächs. Hoftheaters v. J. 1851, Jahrgang 35, S. 63 und bei Reden-Esbeck S. 340 f.[1])

Es würde hier zu weit führen, über den poetischen Wert der verzeichneten Dichtungen zu urteilen, ein gerechtes Urteil lässt sich nur mit Berücksichtigung der damals herrschenden Geschmacksrichtung und der damaligen poetischen Leistungen fällen; ich begnüge mich, auf die oben mitgeteilten Urteile der Zeitgenossen hinzuweisen — Caroline Neuber hat auch hierin den Besten ihrer Zeit genug gethan. Wohl aber möchte ich den historischen Wert betonen, der einzelnen der Dichtungen, vor allem den meisten der Vorspiele, beizumessen ist. Sie erheben sich weit über die Huldigungs-Vorspiele anderer Schauspieltruppen: Caroline Neuber benutzte sie, um unermüdlich das Programm der Neuberschen Gesellschaft darzulegen, das Publikum über die Theater-Reform aufzuklären, an deren Durchführung sie alles zu setzen entschlossen war. So werden diese Vorspiele gleichsam Urkunden der deutschen Theatergeschichte selbst — sie zeigen uns, auf welche

---

[1]) Am Schluss würde nach Fernbachs Theaterfreund (Berlin 1860) S. 277 und 426, und Reden-Esbeck S. 358 (Ergänzungen und Berichtigungen) eine Bearbeitung von Calderon's „Leben ein Traum" aufzuführen sein, die im 9. Teil der „deutschen Schaubühne zu Wien" (Wien 1761) erschienen sein soll (vgl. auch Devrient Geschichte der deutschen Schauspielkunst 2, 21). Aber hier liegt eine Verwechslung mit der Wiener Schauspielerin Christ. Frid. Huberin vor, denn der Titel des betreffenden Stücks lautet: Das menschliche Leben ist ein Traum . . . . in deutsche Verse gebracht von Julius Friedrich Scharfenstein . . . aufgeführt 1760. Dargegeben von Christiana Friderica Huberin. Wien (1761). Auf dieser Verwechslung beruht es wohl, wenn Elise Mentzel a. a. O. S. 165 behauptet, dass die Herbstfreude (Nr. 35) eine Bearbeitung von Calderon's „Leben ein Traum" sei.

Art die Neubersche Gesellschaft den Kampf für ihre
gute Sache führte, und lehren uns die Ideen und Auf-
fassungen kennen, von denen begeistert sie in den ent-
täuschungsreichen Kampf zog. Erst wenn wir diese
Seite der Neuberschen Thätigkeit würdigen, können
wir die Frage, ob die Neuberin — nach Gottschedschen
Behauptungen — ein blosses Werkzeug Gottscheds gewesen, richtig entscheiden.
Leider hat Caroline Neuber nur wenige ihrer Vorspiele vollständig im Druck erscheinen lassen (wohl
nur Nr. 7, 14, 16[1]) und 35 unsres Verzeichnisses), von
der grossen Mehrzahl haben wir nur durch Theaterzettel, Festprogramme oder zeitgenössische Berichte
Kenntnis, und es ist wenig Hoffnung, dass durch hand-
schriftliche Funde das Material ergänzt werden kann.
Wir geben im folgenden das erste Vorspiel (Nr. 7), das
Caroline Neuber im Druck veröffentlichte, und das in
Leipzig im Juni 1734 zur Aufführung kam, nach dem
Exemplar in der Grossherzoglichen Bibliothek zu Wei-
mar heraus.[2]) In diesem Vorspiel wird in allegorischer
Weise der Streit zwischen der Müllerschen und der
Neuberschen Gesellschaft um das sächsische Hofcomoe-
dianten-Privileg 1733,34[3]) vorgeführt, indem Melpomene,

---

[1]) In der Vorrede zu dem Strassburger Vorspiel ‚Die
Verehrung der Vollkommenheit‘ (Nr. 16) erklärt sie, dass
dies das 3. Vorspiel sei, das sie drucken lasse. Die ersten
2 sind das „deutsche Vorspiel“ Leipzig 1734 (Nr. 7) und
„die von der Weisheit wider die Unwissenheit beschützte
Schauspielkunst,“ Lübeck 1736 (Nr. 14). Dazu scheint nur
noch das „Schäferfest“ (Nr. 35) gekommen zu sein.

[2]) Ein 2. Exemplar befindet sich in der Stadtbibliothek
zu Leipzig. — Die Seltenheit des Stückes erklärt es, dass
ausser den kurzen Citaten bei Koberstein (Geschichte der
deutschen National-Litteratur 5[1]. 289) Wendel. v. Maltzahn:
Deutscher Bücherschatz (Jena 1875) S. 532 und Goedeke
a. a. O. S. 364 erst Creizenach a. a. O. S. 18, 19 sich das
Verdienst erworben hat, auf dieses Stück aufmerksam zu
machen.

[3]) Die Akten dieses Streits sind bei Reden-Esbeck
S. 118—69 mitgeteilt.

Tharsus, Sedulius und Obsequens, den bezeichnender
Weise Joh. Neuber darstellt,[1]) die Neubersche Gesellschaft, Thalia und Silenus unter dem Schutz des Pseudolus die Müllersche Gesellschaft vertreten. Der Wert
des Stückes liegt vor allem in der klaren Gegenüber-
stellung der Neuberschen Tendenzen zu denen der
Müllerschen Truppe.[2])

Der Neudruck erfolgt in Orthographie und Inter-
punktion genau nach dem Original in Weimar, nur
Vers 160 habe ich das im Original fehlende in ergänzt. Betreffs des Originaldruckes habe ich zu be-
merken, dass das Titelblatt etwas breiter ist als die
übrigen Seiten, die längsten Zeilen auf dem Titelblatt
haben c. 10 cm Länge, die längsten Zeilen der Vorrede und des Textes und die Vignetten c. 8½—9 cm.
Die Personennamen sind im Text bisweilen fett gedruckt,
bisweilen nicht, der sonst saubre Druck zeigt darin Un-
regelmässigkeiten; das Vorwort und die Auftritte 1,
3—8 haben Initialen. — Der „Versuch Schweizerischer
Gedichte“, der am Anfang und Schluss citiert wird, ist
von Albrecht von Haller verfasst, die Stellen stehen
in der Berner Ausgabe von 1732 S. 92 und 99 (in den
„Verdorbenen Sitten“). — Die Fabel von Wolf und
Lamm S. 26 ist eine der bekanntesten der Aesop-Phä-
drusschen, der Wiedergabe durch die Neuberin wird
man die Anerkennung nicht versagen können, wenn
man andre zeitgenössische, z. B. die von Schwabe in
den Schriften der deutschen Gesellschaft in Leipzig
(3, 552, Leipzig 1739) damit vergleicht.

Dresden, November 1896.

Arthur Richter.

---

[1]) Vgl. Neubers Verhalten im Mai 1734, Reden-Esbeck
S. 152 ff.
[2]) Vgl. besonders S. 5—7.

Ein

Deutsches Vorspiel,

verfertiget

von

Friederica Carolina Neuberin,

gebohrner Weissenbornin,

Principalin der Königl. Pohln. und Churfürstl. Sächsischen,
wie auch Hochfl. Braunschweig=Lüneburg=Wolfenbüttelischen
deutschen Hof-Comödianten.

Aufgeführet

auf dem Leipziger Schauplatze

im Monat Jun. 1734.

Versuch Schweizerischer Gedichte.

Vom Wohl des Vaterlands entschlossen nie zu scheiden,
Kann er das Laster nicht, noch ihn das Laster leiden.

Leipzig

Gedruckt bey Bernhard Christoph Breitkopf.

1734.

Personen.

Melpomene	. . . Frau Neuberin.
Thalia . .	. . . Frau Rischin.
Euphrosyne .	. . Jungf. Buchnerin.
Vigilantia	. . . . Jungf. Gründlerin.

Apollo	. . . . . . Herr Koch.
Tharsus	. . . . Herr Kohlhardt.
Themis	. . . . . . Herr Jacobi.
Arete	. . . . . Herr Suppig.
Alethea . .	. Herr Winziger.
Obseqvenz .	. . Herr Neuber.
Sedulius .	. . . Herr Türpe.
Meletander	. . . . Herr Kloß.
Silenus	. . . Herr Fabricius.
Pseudolus.	

Die Schaubühne stellet vor eine Gegend an dem
Parnaß.

———— ----

Lieber Leser.

Hier hast du was zu lesen. Nicht etwan von einem grossen gelehrten Manne; Nein! nur von einer Frau, deren Namen du auffen wirst gefunden haben, und deren
6 Stand du unter den geringsten Leuten suchen mußt: Denn sie ist nichts, als eine Comödiantin; von Geburt eine Deutsche. Sie kann von nichts, als von ihrer Kunst Rechenschaft geben: Wenn sie gleich so viel wissen sollte, daß sie einen jeden Künstler verstehen könnte; wenn er
10 von seiner Kunst redet. Fragst du: Warum sie auch schreibt? So antwortet sie dir das, dem Frauenzimmer gewöhnliche, Darum! Fragt dich jemand: Wer ihr geholfen hat? So sprich: Ich weis es nicht; oder: Es könnte doch wohl seyn, daß sie es selbst gemacht hätte.
15 Das Werk ist in Reimen abgefasset. Ob die Verse rein, und die Gedanken richtig sind; werden diejenigen wissen, die es verstehen. Was die Sache betrifft: So gehören theils bekannte Ge=[4]schichte, theils unbekannte Ge= dichte darzu. Alles zu erklären schickt sich nicht vor sie.
20 Alles zu verschweigen ist hier nicht nöthig. Genung, daß sie sonst wohl schweigen kann. Diejenigen, die von ihren Umständen etwas wissen, werden dieses leicht glauben können; wer aber nichts von ihr weis, dem wird auch dieses nichts schaden· Wenn er es gleich nicht glauben
25 kann. Sie hat zwar niemalen durch Schriften bekannt seyn: sondern nur, als eine Comödiantin anderer Leute Leidenschaften bescheiden, vorsichtig, aufrichtig und natür-

lich vorstellen wollen: Itzt aber, da sie ihre eigene Rolle
auf, und vor der ganzen Welt zu spielen genöthiget wird;
so schämet sie sich auch nicht, ihren ersten sichtbaren Auftritt in diesen Blättern gedruckt zu geben. Hat sie wo
gefehlet; so wird sie die Fehler nicht entschuldigen: Denn 5
dadurch werden sie nicht besser. Sie wird um Verzeihung
bitten, und ein andermal so wenig fehlen, als es ihr nur
möglich ist. Im übrigen überläßt sie sich mit Freuden
dem Urtheile dererjenigen, die da richtig denken, zu rechter
Zeit reden, und behutsam schweigen. Die übrigen werden 10
denken, was sie wollen; reden, wenn sie können; und
schweigen, wenn sie müssen. Sie bleibet beydes, der
guten und bösen Welt verpflichtet: Der guten; weil sie
es würdig ist, der bösen; weil sie an ihrer Besserung
nicht zweifelt. 15

Die Verfasserin.

Erster Auftritt.
Thalia und Silenus.

Silenus.

Melpomene muß fort! du must sie nur verklagen,
Und alles, was du kanst, mit derben Lügen sagen.
Die Leute, die dich hörn, die haben mehr zu thun,
Als nur auf sie zu sehn. Du darfst nunmehr nicht ruhn.
5 Nun ist es hohe Zeit. Lauf, eile, renne fliehe!
Ich steh dir treulich bey.

Thalia.
Nunmehr soll alle Mühe
Auf ihr Verderben gehn. Das böse schlaue Thier
Verderbt mir meine Kunst; deßwegen will ich ihr
Den Fall, so bald ich kan, geschwinde zubereiten.
10 Sie muß verstossen seyn, und zwar von allen Leuten.
Ich hasse sie so sehr, als du die Tugend haßt.
Ihr Fleiß und ihre Kunst wird mir zur schwersten Last;
Ich soll die Leute nicht mit Possen mehr betrügen,
Und nicht mit leichter Müh viel Geld in Kasten kriegen;
15 Ich soll, nach ihrer Art, nach strengen Regeln gehn,
Und jede Leidenschaft recht aus dem Grund verstehn.
Der Teufel plagt sie doch! den Leuten weiß zu machen:
Man müßt im Lustspiel nicht, so, wie ein Bauer lachen;
[6] Und auf dem Schauplatz dürft kein Possenreisser seyn.
20 Das nasenweise Ding bildt sich wahrhaftig ein,
Sie thät noch recht daran, und fragt die klügsten Leute

Wohl gar um Rath darum, und raubt mir meine Beute.
Denk nur, Silenus, denk an alles, was sie spricht,
Und was sie meiner Kunst für Schaden zugericht!
Ich soll so viel verstehn: Kein Laster sey zu dulden;   25
Kein Fehler soll geschehn, und zwar durch mein Verschulden.
Ich soll den Leuten, die auf meiner Bühne stehn,
Mit Vorsicht und Vernunft und Rath entgegen gehn:
Ja, wenn ich wo gefehlt, so soll ichs nicht bedecken;
Mich beſſern, und zugleich vor meiner That erſchrecken.   30

Silenus.

Das iſt ja grauſam viel! Das kan kein Doctor nicht!
Es fehlt dem Beſten wohl, daß er ſich wo verſpricht.
Geſchweige dir mein Kind. Wir haben nichts vergeſſen,
Und jede Wiſſenſchaft nach unſrer Kraft gemeſſen.
Deßwegen bleib auch ſo. Der Mühe wär zu viel.   35
Das iſt in Wahrheit nicht ein bloſſes Kinderſpiel!

Thalia.

Ey! wenns das alles wär! das ſind die erſten Stuffen.
Sie ſpricht: Man müſte ſich ſelbſt zur Erkänntniß ruffen,
Hernach mit Wiſſenſchaft und Treue weiter gehn;
In jedem Schauſpiel ſoll kein leerer Poſſen ſtehn,   40
Und auch kein Zötgen nicht; der Harlekin ſoll ſchweigen;
Der wäre nur ein Ding, die Thorheit anzuzeigen;
Der Pöbel dürfte nicht noch mehr verborben ſeyn;
Er wär der Beßrung werth.

Silenus.

                        Ich aber ſage nein!
Denn iſt der Pöbel klug; So komm ich nicht zu rechte.   45
Wir haben ſo zu thun, daß wir bey dem Geſchlechte,
Das alle Fehler kennt, aus Mitleid noch beſtehn.
Das redet ſchon zu klug.

[7]   ### Thalia.

        Man ſoll noch weiter gehn.

Sie sagt: Man müsse sich mit allem Fleiß bestreben,
50 Als ein vernünftger Mensch nach dem Gesetz zu leben.

Silenus.

Das ist mir lächerlich. Das geht ja gar nicht an!

Thalia.

Man soll, zum wenigsten, so viel thun, als man kan.
Nicht wahr, das schickt sich nicht? Das hat zu viel zu
sagen?
Wer wird sich so gezwängt mit dem Gesetze plagen?

Silenus.

55 Ey! freylich! bleibe nur so, wie du itzo bist.
Und fehlt dir der Verstand; So brauche deine List.
Zu dem so weist du nicht, was in den Rechten stehet.

Thalia.

Sie tadelt; wenn man sich in einem Stück vergehet.
Sie will: Ich soll so gar mit aller Höflichkeit,
60 Bescheiden, ruhig seyn; und die Gelegenheit,
Den Leuten mit Betrug die Thaler abzulügen,
Nicht weiter suchen; Ja mich nur an dem Begnügen,
Was ich mit wahrem Fleiß und Ehre haben kan.

Silenus.

Will denn Melpomene gar endlich oben an?
65 Was denkt sie denn von mir? Ich hab auch drein zu
sprechen.
Ich wollt ihr eher gleich den Hals in Stücken brechen;
Stünd nur nicht Straf und Recht für meinen Vorsatz
drauf:
Ich henkte sie gewiß noch diesen Abend auf.

Thalia.

Das ist ein Glück für sie, daß wir nicht viel bedeuten,
70 Und daß sie noch darzu von redlich klugen Leuten
Gar unterstützet wird.

[8] **Silenus.**

Ey! das mag immer seyn!
Ich bilde mir gewiß ihr ganz Verderben ein.
Je mehr sie Vorsicht braucht; je mehr will ich ihr schaden.
Ich setze sie durch dich aus Schutz und aus Genaden.
Und eh sie sich erholt; so ist sie hingericht.   75
Nur sein geschwind daran, daß man das Urtheil spricht!
Sie soll verstossen seyn, und hier nicht mehr erscheinen,
Aus diesen Ländern ziehn, und den Verlust beweinen.
Wir nehmen was sie hat, und sprechen: Es gehört
Von alten Zeiten dir.   Eh sie sich nun beschwert,   80
Und uns verklagen kan: So haben wir gewonnen,
Und ihre Kunst vergeht, wie Butter an der Sonnen.
Dann haben wir das Spiel in unsrer klugen Hand,
Und unser Harlekin wird erstlich recht bekannt.
Man wird den Nutzen erst von seinen Schwänken sehen, 85
Was er bedeuten soll.

Thalia.

Wär es nur schon geschehen!
Mein Herze wird mir schwer!

Silenus.

Sey du nur unverzagt!
Wir haben sie zeither ja hart genug verklagt.
Die Leute glauben nicht, was sie für Zeugniß bringet. 90
Und, wenn sie gar zu stark auf ihre Hülfe dringet;
So macht sie sich verhaßt.   Der Grund ist schon gelegt.
Ich weis nicht, was dich doch für Zweifel noch bewegt?
Wir haben ihr ja schon mit lauter derben Lügen
Das Werk sehr schwer gemacht.   Sie wird nichts weiter
                                             kriegen,
Als daß sie gehen soll, woher sie kommen ist;   95
Daß sich das ganze Werk zu unserm Vortheil schließt.
[9] Ich will noch einen Streich zu ihrem Fall versuchen:
Da muß sie mich gewiß in Abgrund nein verfluchen;
Und wäre sie auch sonst gelassen in Geduld:

100 Denn dieses schmerzt sie hoch. Ich such die Gnad und Huld
Ihr von Apollens Herz noch so weit zu entziehen,
Daß er sie gar nicht hört.

Thalia.

Du magst dich recht bemühen.
Denn das ist ja bekannt: Er ist gerecht. Ich weis,
Er ist den Lügnern feind.

Silenus.

Ich kriege doch den Preis.
105 Ich will die Lügen schon mit solchem Glanz bestreichen,
Daß sie der Wahrheit soll an diesem Orte gleichen.

[Querleiste]

Andrer Auftritt.

Melpomene. Tharsus. Sedulius. Alethea vorher.
Obsequens folget nach. Silenus. Thalia.

Silenus.

Hier kommt Melpomene! Geschwind versteck dich dort!
Daß sie uns hier nicht sehn.
Silenus und Thalia verstecken sich auf beyden Seiten.

Melpomene.

Ach aller liebster Ort,
Voll Schönheit, und noch mehr, von ganz besondern Gaben!
110 Was hab ich dir gethan? Willst du mich nicht mehr
haben?
Kan meine Schwachheit dir nicht mehr gefällig seyn?
Warum verstößt du mich? Du ladest mich hier ein;
[10] Zu was? das kan ich dir für Thränen itzt nicht sagen.
Doch wiß, ich werde mich nicht über dich beklagen.
115 Mein Elend würde mir zur Strafe, wenn ich dich
Nur etwas schuldig spräch. Ja ich erkläre mich:
Du mustest mich hieher zum Richter-Stuhl beruffen;
Du hattest den Befehl. Wenn ich nun diese Stuffen

Aus meiner wahren Noth gleich nicht betreten hab;
So fordre mir ja nicht deswegen Rechnung ab.   120
Ich liebt und flohe dich. So gern ich folgen wollte;
So hieß mich doch die Noth, daß ich mich schützen sollte.

Tharsus.

Hast du geliebtes Kind nicht hier das Paar gesehn,
Das dich verjagen will?

Sebulius.

Es ist noch nicht geschehn.
Ihr Drohen hat nichts mehr als Unwahrheit zum Grunde.   125
Das findt sich endlich schon.

Melpomene.

Aus einem Lügen=Munde
Ist oft das stärkste Gift der Tugend zubereit.

Tharsus.

Ach sey doch nicht verzagt! bey der Gerechtigkeit
Entdeckt sich alles klar.

Sebulius.

Du must nichts unterlassen.
Ihn deine Schuldigkeit auf recht und offner Strassen.   130
Sey fleissig in dem Werk, und redlich in dem Stand!
Das andre übergieb des Himmels starker Hand!

[11]   ### Tharsus.

Behalte Muth zum Recht! die Zagheit thut ihm Schaden.

Melpomene.

Ich fürcht, ich stehe nur in lauter Ungenaden.
Und da fällt alles schwer.   135

Tharsus.

Die Tugend macht es leicht,
Die aus der Eigenschaft der höchsten Würde steigt.

Melpomene.

Ja das erkenn ich wohl.   Doch unbekannte Leute
Die stöst man insgemein bey Höfen auf die Seite;
Man sieht sie sauer an.   Und dieses kränket mich.

Tharsus.

140 Bey der Gerechtigkeit thut man nicht fürchterlich.
Ihr reiner Glanz wird dir die Zagheit schon benehmen.
Leg Furcht und Schrecken hin! du darfst dich nun nicht
                    schämen.
Wisch deine Thränen ab! Geh ohne Furcht dahin,
Wohin du gehen sollst! So wahr ich bey dir bin!
145 So frölich wirst du auch von dort zurücke kommen!
Du hast des Himmels Huld mit dir dahin genommen.
Und deine Schuldigkeit, die dich darzu verpflicht
Der Wahrheit nachzugehn, glaub, die beschämt dich nicht.
Und wenn dich weder Furcht noch Hoffnung darzu triebe;
150 So würket doch in dir die ganz besondre Liebe,
Die du für deinen Schutz im Lande haben mußt.
Nicht die Belohnung, nein! nicht einmal der Verlust
Muß Grund und Ursach seyn.   Apollo muß es wissen:
Denn wird er schon für dich gerecht und billig schliessen.

[12]   **Sebulius.**

155 Ja.Tharsus hat ganz recht! Setz alle Furcht beyseit,
Und suche Recht und Gnad sein mit Bescheidenheit,
Und wahrer Zuversicht.   Du würdest dich vergehen:
Wenn du in diesem Fall in Zweifel wolltest stehen.
Denn dieses wäre schon der größten Strafe werth.
160 Du bist in einem Land, wo man nach Recht verfährt.
So bald die Wahrheit sich am rechten Ort entdecket;
Sind alle Lügner stumm und werden abgeschrecket.

Melpomene.

Doch Alethea schweigt bey meinen Klagen still?

Alethea.

Weil ich zu rechter Zeit nur für dich reben will.
Ich muß den wahren Grund von deiner Klage wissen: 165
Alsbann werd ich ihn selbst für dich entdecken müssen.

Melpomene.

Ach warum säumest du und kränkest mich noch mehr?

Alethea.

Du machst aus Schwachheit dir die Sache selber schwer.
Hör auf zu klagen! komm! Ich will dich dahin führen,
Wo die Gerechtigkeit durch klug und recht regieren   170
Am Thron dir Dienste thut. Der Muth verläßt dich nicht;
Weil selbst die Wahrheit hier für deine Sache spricht,
Und zwar an ihrem Platz, da, wo sie hin gehöret,
Allwo sie weder Neid noch stolze Bosheit störet.
An meiner Stelle kommt kein andrer Redner dran.   175
Komm herzhaft! hab Gedult! du hast ja nichts gethan.
[13] Dein Fleiß wird Zeuge seyn, und dein Gehorsam
                                        sagen:
Wie wohl und reblich ihr euch alle habt betragen.

Tharsus.

Dein Trost ist rein und wahr; komm mache dich bereit
Und hoff bey diesem Werk nur in Gelassenheit.   180
Sey nicht so ungestüm. Du kanst dich sonst ja fassen:
Wie? hat dich itzo denn die Einsicht gar verlassen?
Du machst ja andern sonst zur Hoffnung Muth und Herz?

Melpomene.

Ach mich quält itzo nichts als ein geheimer Schmerz.
Die Ehrfurcht hält mich ab. Die Bosheit thut mir Schaden,   185
Und schreyet über mich von lauter Ungenaden.
Ich weis wohl, daß sie lügt: Allein wer glaubt mir gleich?
Sie übertäubt mich ganz. Seht, das vertrau ich euch.
Das streitet nun in mir: Die wahre Pflicht, und Treue,
Und auch die Blödigkeit; das kränket mich aufs neue.   190

[Querleiste]

Dritter Auftritt.

Melpomene. Tharsus. Sebulius. Alethea. Ob=
sequens. Silenus und Thalia.
Die zwey letztern treten auf beyden Seiten heraus;
bleiben aber an den Flügeln stehen, und thun, als
hörten sie zu.

Melpomene.

Was hat ein böser Mensch nicht öfters schon gethan?
Daß auch die Tugend selbst es nicht verhindern kan.

[14]   Obsequens.

Komm laß uns ruhig seyn, gehorchen, klagen, bitten!
Dein Recht kommt selbst zu dir noch mit geschwinden
                                        Schritten.
195 Versäume. nichts an dem, was deine Pflicht gebeut.
Und was du machen sollst, das thu zu rechter Zeit!

Tharsus.

Dein Leib muß beine Pflicht gar niemahls übersteigen;
Du must sie, auch verklagt, ja gar verstossen, zeigen:
Denn diese hört nicht auf. Es kommt dir durchaus zu
200 Sie allezeit zu thun. Weswegen klagest du?
Wirf dich in Demuth nur gehorsamlich zu Füssen!
Laß durch die Wahrheit hier der Sachen Umstand wissen!
Und sey vergnügt mit dem, was man dir lassen will!
Getrost! Gebult! und schweig mit deinen Klagen still!

Sebulius.

205 Dein thränend Angesicht schickt sich nicht vor Gerichte:
Da muß man munter seyn. Ein reblich Angesichte
Schlägt unverschuldt alsdenn die trüben Augen zu:
Wenn es sich schützen soll. Begieb dich nun zur Ruh!

Alethea.

Nun ist es hohe Zeit. Dein Weinen wird sich enden:
210 Denn die Gerechtigkeit hat dich in ihren Händen.

Komm! denn dein Gegentheil hat meine Gegenwart
Niemahls für sich verlangt.   Ich war für ihn zu hart
Und wußte seine List; drum floh er meine Lehre
Und machte, daß ich dich itzo bedachtsam höre.
Komm! gehe mit mir fort, und klag nicht länger hier!   215
[15] Ermuntre beinen Geist!

Melpomene.

Ganz wohl!   Ich folge dir
Mit Ehrfurcht, Pflicht und Treu, getrost und ganz gelassen.

Tharsus.

Komm! laß uns standhaft seyn, und beßre Meynung fassen!
Alethea gehet vorher. Tharsus und Sedulius führen
Melpomene in der Mitten bey der Hand. Obsequens
folget nach. Und gehen also ab. Thalia und Silenus haben
unter der Zeit gelacht, aber nicht alles verstehen können.

[Querleiste]

Vierter Auftritt.
Thalia. Silenus.

Thalia.

Ja! ja! da kommt ihr recht.   Itzt ist es eben Zeit.
Du gute Närrin, geh!   Die Sachen sind zu weit   220
Du kommest viel zu spat: Die Thüren sind verschlossen.
Gelt! ich hab dich gekriegt.   Hat dich das nun verdrossen?
Nicht wahr, wir haben uns vortrefflich vorgesehn?
Nun kann ihr weder Recht noch Gnade mehr geschehn.

Silenus.

Wir haben ihr den Paß vollkommen gut verrennet.   225
Nun fehlt nur, daß sie sich noch selbst das Maul ver-
                                                    brennet.
[16] Hernach ist alles klar.

Thalia.
Ich schleich ihr hinten nach.

Hör du von weiten zu, und sag mir, was sie sprach:
Womit sie sich denn wohl ihr Recht zu suchen meynet;
230 Und ob sie selbsten hier an diesem Ort erscheinet?

Silenus.

Halt! stille! hör ich recht? Wer kömmt? Wer nähert sich?
Gieb achtung! gehts nicht gut, ach so versteck ich mich.

Thalia.

Nein! ich bleib ihr zu trotz in diesem Winkel stehen,
234 Und lache: Wenn sie wird beschämt zurücke gehen.

[Querleiste]

Fünfter Auftritt.

Apollo auf dem Throne. Zur Rechten stehet Arete,
Vigilantia und Meletander. Zur linken stehet
Themis und Euphrosyne. Die ersten drey haben
einander bey den Händen. Die zwey andern haben
einander auch bey den Händen. Hierauf bringt
Alethea die Melpomene und tritt zwischen der
Themis und Euphrosyne. Dabey ist Tharsus und
Sebulius.

[17]　　　　　**Alethea zur Arete.**

Hier ist Melpomene.

Arete.

Tritt näher, armes Kind!
Was bittest du von uns?

Melpomene.

Daß ich Genade find;
Und daß die Themis ja nicht länger mehr erlaube,
Daß mir der Neid die Ruh und mein Vermögen raube.

Vigilantia.

Wo denn so langsam her?

Meletander.

Erschrecke sie doch nicht!

Und höre, was sie doch noch weiter von sich spricht!   240

Vigilantia.

Ey! was? Man muß die Zeit in keinem Stück versäumen,
Und seine Schuldigkeit nicht nur in leeren Träumen
Und in Gedanken thun.   Die Thaten müssens seyn.
Sie kommt fast allzu späth.   Man sag ihr kühnlich, nein.
Um solche Kleinigkeit macht sie so grosses Wesen.   245
Wer hier am ersten kömmt, hat auch erst auszulesen.

Euphrosyne.

Wenn ich dich bitten darf; So habe noch Geduld.
Vielleicht ist sie nicht selbst an der Verzögrung schuld.
[18] Hab Mitleid! höre sie! ich sprech für ihre Sache:
Denn sie verfolget nur der Neid und böse Rache.   250
Die Bosheit selber ist ihr allerärgster Feind.
Sey du indessen doch ihr gut und wahrer Freund!
Sie hat dir nichts gethan.   Hör sie doch mir zu Liebe!
Daß sie sich länger nicht in ihrer Noth betrübe.
Dein Wort kommt auch mit dran.   Mein ja! hat sie   255
                                                    für sich.

Vigilantia.

Ja! ja! dieß kan wohl seyn.

Arete zu Vigilantia.

Warum bedenkst du dich?

Vigilantia.

Ich muß sie erst bey mir um alles recht befragen;
Dann will ich auch allhier schon meine Meynung sagen.

Arete zu Vigilantia.

Das sey dir wohl erlaubt: Du wachst für aller Heil.

Meletander.

Sprich nur dein Urtheil nicht zu hitzig und in Eil;   260
Und warte, ob sie nicht Apollo selbst wird hören.

Arete.

Sie ist ja ganz bestürzt.

Euphrosyne.

      Sie will dich nicht verstören;
Und ist für Ehrfurcht nur erstaunet und betrübt:
Dieweil sie dich gewiß mit tiefster Demuth liebt.
265 [19] Es jammert mich ihr Schmerz. Kanst du denselben
                heilen;
So laß doch ihrer Noth geschwinden Rath ertheilen.

Arete.

So fasse nur ein Herz! tritt näher doch heran!
Und sage frey heraus, wie man dir helfen kan!
Du dauerst mich gewiß. Ich wollt dir gerne rathen.
270 Bist du denn gänzlich frey von allen Laster-Thaten?
Und hast du nichts versehn, das dir selbst schaden könnt;
So sey dir auch allhier mein Vorspruch wohl gegönnt.
Du mußt nur deine Noth der Themis recht erzählen.
Dein Elend jammert mich. Du mußt dich so nicht qvälen.

Apollo zur Themis und Alethea.

275 Ihr schweigt ja beyderseits. Melpomene schweigt still.
Ihr wißt doch, daß ich Recht und Wahrheit hören will:
Warum verstummt ihr denn? Entdecket mir die Sachen.

Alethea zum Apollo und zur Themis.

So will ich denn für sie hier meinen Vortrag machen:
Die Bosheit, der Betrug, und die Unwissenheit
280 Sind voller Neid und Geiz, und sind der Redlichkeit
Und auch der Tugend feind. Die haben hier gebeten:
Man möcht Melpomenen im Lande nicht vertreten;
Und was sie sich gebaut, durch Fleiß erhalten hat,
Ihr aus den Händen ziehn. Man hat an meiner statt
285 Den Pseudolus gebraucht und alle hintergangen,

Daß man auch endlich ihm zu glauben angefangen.
Nun stell, Apollo, ich dir diese Muse dar,
Die schon vorlängst bey dir geschützt und fleißig war,
(Eh dieser Affterschein zu glänzen angefangen.
Ich bin ihr allemal so fleißig nachgegangen,   290
[20] Und finde sie gewiß von jedem Laster frey.
Das Zeugniß geb ich ihr. Steh ihr nur kräftig bey:
Weil sie dich redlich ehrt, und dich mit Ehrfurcht liebet.
Vergieb ihr! wenn sie schweigt. Sie ist zu sehr betrübet.

Apollo zur Themis.

So sey sie deiner Hand zur Aufsicht ausgestellt.   295
Vollbringe du an ihr, das, was mir wohl gefällt!
Wie du sie finden wirst: So kanst du sie auch richten.
Die Sache soll, nebst dir, die Alethea schlichten.
Gebt Achtung, daß ihr nicht im mindsten was gebricht.
Das Recht, das ihr gehört, und wer sonst für sie spricht, 300
Verbleib ihr Schutz und Trost. Sie soll die Klagen führen,
Und an Gerechtigkeit gar keinen Mangel spüren.

Themis zum Apollo.

Mein Urtheil ist mit dem, was dein Befehl gebeut,
So gar Melpomenen zu retten, gleich bereit.
Die Wahrheit steht ihr bey. Der Fleiß will für sie zeugen. 305
Die Unschuld bringt ihr Muth. Das Recht soll auch
                                                           nicht schweigen.
Und ihr Gehorsam wird damit zufrieden seyn,
Was du beschliessen willst: Der Ausspruch bleibet dein.
Den wollen wir für uns mit allen Freuden ehren,
Und sie wird ihn von dir mit tiefster Ehrfurcht hören. 310

[Querleiste]

Sechster Auftritt.

**Apollo, Arete, Vigilantia, Meletander, Themis,
Euphrosyne, Alethea, Melpomene und Pseudolus.
Dieser kommt geschwinde und [21] will sich zwischen
allen, die einander bey den Händen haben, durch-
bringen. Weil er aber nicht durchkommen kan; so
bringt er sich endlich zwischen Apollo und Areten ein.**

Pseudolus zur Arete.

Halt ein! Was machst du da? Wirst du so leichtlich
weich?
Glaubst du denn dieser Frau und ihren Worten gleich?
Ach halte ja zurück! Das ist die böse Sieben:
Die hat mich schon einmal von einem Ort vertrieben.
315 Das lastervolle Thier, der Affe der Natur
Ist nicht des hörens werth. Glaub! sie betrügt dich nur.
Sie hat ein Schlangen-Maul. Sie ließt so viele Bücher:
Da grübelt sie, und schließt von ihren Sachen sicher.
Sie fragt bald den und den: Ob sie sich recht verhält?
320 Auf Ehre denkt sie nur, und sucht kein grosses Geld;
Und fragt auch nichts nach mir. Sie will sich nur mit
Ehren
Von einem guten Ruff aus leerer Luft ernähren.
Damit verderbt sie die. Sey der alleine hold!
Ich bitte dich recht sehr. Du hast ja schon gewollt,
325 Daß sie mit ihrer Kunst dich künftig sollt erfreuen.
Versprich ihr dieses Glück ißunder doch von neuen,
Und sieh mich freundlich an! Gieb mir doch diesen Trost!

zum Apollo.

Und du sey ja recht sehr auf diese Frau erboßt!
Du glaubst nicht, was das Thier für mich für Schaden
bringet,
330 Und wie sie, mir zum Troß, von guten Lehren singet.|

Alethea.

Du bist, verlogner Gast, fast keiner Antwort werth.
Du schämst dich warlich nicht. Das, was dir wiederfährt,
[22] Geschieht durch deine Schuld. Weist du nicht, daß
die Lügen:
Wenn ich zugegen bin, den rechten Ausspruch kriegen?

Pseudolus zur Melpomene.

335 Ist Alethea da? Nun gute Nacht, o Welt!
Ich habe schon für dich ein ander Bad bestellt.
Geht ab.

[Querleiste]

Siebender Auftritt.

Apollo, Arete, Vigilantia, Meletander, Themis,
Euphrosyne, Alethea, Melpomene und Thalia.

Vigilantia.

Die Sache sollte mir doch bald verdächtig scheinen.
Silenus ist beherzt. Melpomenen ihr Weinen
Geht wohl von Herzens Grund; Allein die Thränen sind
Auch öfters nur verstellt.   340

Meletander.

            Kan dir das arme Kind
Denn wohl verdächtig seyn?

Vigilantia.

            Man kan es doch nicht wissen,
Und muß in diesem Fall auf alle Fälle schliessen.
Wen man so hart verklagt, und mit so kühnem Muth,
Auf diesen giebt man acht, auf alles was er thut
[23] Und wie er sich bezeigt. Sein reden, weinen, lachen, 345
Sein schweigen muß so gar uns ein Bedenken machen.
Es ist wohl freylich hart: Allein wer kan davor?
Man gönnet jedem hier ein willig offnes Ohr.

Arete.

Fragt beyde Theile recht. Mein Mitleid will mir sagen:
Daß man Melpomenen mit Unrecht will verklagen.   350

Apollo zur Themis und Alethea.

Ihr wisset, was das Recht von eurer Schuldigkeit
Geleistet haben will, das nehmt zu aller Zeit
Mit Vorsicht wohl in acht. Auch in der kleinsten Sache
Ists nöthig, daß man sie nach Recht und Ordnung mache.
Ihr wißt den Willen schon. Er ist euch längst bekannt. 355
Vollbringt ihn allemal in unserm treuen Land!

Themis führt Alethea zur Melpomene.

Hier will ich dir, mein Kind, nun alles wiedergeben.
Dein Recht wird untersucht. Nach diesem kanst du leben.
Die Wahrheit findet nichts, das dich hier schuldig spricht;
360 Und die Gerechtigkeit verstößt dich also nicht.
Drum muß dein Klagen auch sich mit Gehorsam mindern:
Denn man verfährt nicht hart mit wohlgezognen Kindern.
Es kommt zuweilen wohl, daß sie ein Knecht verklagt,
Und bald von diesem das vom andern jenes sagt:
365 Alleine wenn sie sich nur recht bescheiden zeigen,
Wenn man sie drum befragt; So muß der Knecht wohl
schweigen.

Apollo zur Arete und Themis.

Nun thut nach eurer Pflicht! Ich laß euch itzt allein.
Melpomene! es bleibt die Alethea dein.
[24] Die Themis rettet dich; Arete wird dich lieben.
870 Was wilst du weiter mehr? Mich kan auch nichts betrüben:

zu Meletander.

Denn Meletander bleibt an meiner Seiten stehn.

Meletander.

Ich will gehorsam seyn und niemahls von dir gehn.

Apollo.

Silenus aber soll sich bessern, und mit Lügen
Mich nicht mehr hintergehn, und niemand mehr betrügen.
875 Und wenn er ja zur Lust nicht zu entrathen ist:
So habt wohl acht auf ihn, daß er sich nicht vergißt,
Und weiter um sich greift, als wir es haben wollen.
Thalia wird hinfort noch viel mehr lernen sollen,
Sowohl in ihrer Kunst, als in der Redlichkeit.
880 Gebt ihr zur Beßrung Raum: Sie brauchet lange Zeit.
Deßwegen will ich ihr Gelegenheit verstatten,
Und hoffen, wo wir fast nichts mehr zu hoffen hatten.

zur Thalia.

Wiewohl mit Recht verdienst du bey uns keinen Platz:
Allein wir gönnen dir den unverdienten Schatz.
Vielleicht bekehrst du dich, und merkest diese Lehre: 385
Daß man durch eignen Fleiß sich selber wohl ernähre,
Melpomene mag dir indessen dankbar seyn:
Sie wird durch dich bekannt.   Stell dein Verfolgen ein,
Und plag sie weiter nicht! das will ich dir befehlen.
            Apollo und Meletander gehen ab.

[25]   Achter und lezter Auftritt.
    Arete, Themis, Alethea, Melpomene, Thalia,
            Sebulius, Tharsus.

            Alethea.

Was sagst du nun darzu?   Wilst du dich weiter qvälen? 390
Kanst du nun nicht vergnügt und wohl zufrieden seyn?
Du bist so wohl beschützt, und was du hast, bleibt dein.

            Melpomene.

Nun krieg ich Luft, die Noth, die fast mein Herz durch-
                                    schnitten,
Ganz frey und ohne Furcht aus meiner Brust zu schütten.
Ich weis nicht, wem ich nun am ersten danken soll.   395
Der eingepreßte Schmerz, der reißt sich Freudenvoll
Aus meinem Herzen los.   Die Freuden Thränen rinnen
So heftig, als zuvor ein klägliches Beginnen
Sie aus den Augen zwang.   Die Freude hemmet mich
So sehr, als wie der Schmerz.   400

            Thalia.

                Es ist ein Glück für dich,
Daß Themis dich gehört und selbst für dich gesprochen:
Sonst wäre dir der Stab wahrhaftig schon gebrochen.
Nur das verdreußt mich itzt, daß ich so viele Zeit
Vergebens angewandt, und die Gerechtigkeit,
Darbey vergessen hab.   405

Melpomene.

Du ungerathne Muse!
Geh, fall der Themis hier aus Schuldigkeit zu Fusse,
[26] Und beßre dich durch sie! Du bist selbst schuld daran.
Ich Arme habe dir gar nichts zu Leid gethan.
Ich hatte Noth genug, daß ich mich schützen konnte.
410 Dein Neid, der mir die Luft niemalen rein vergonnte,
Hat, dir zur Schande, mir zwar Müh genung gemacht.

Sebulius zur Thalia.

Ach hättest du dafür an deine Kunst gedacht,
Und dieses neidische, verlogne, böse Wesen,
Zu unserm Schaden nicht, zu deiner Lust erlesen.

Melpomene.

415 Du hättest Brod genung für dich, auch neben mir.
Denn das was dir gehört, gewiß das gönn ich dir.
Ich will dich noch darzu mit vielen Freuden lehren,
Wie du dich rühmlich, wohl und redlich solst ernähren.
Alleine, wenn du blind in deiner Bosheit bist,
420 Und aller Menschen Pflicht aus Hochmuth nur vergißt;
So kan ich nichts dafür. Ich suche dir zu rathen,
Und du verfolgest mich durch lauter Frevel=Thaten.

Sebulius zur Thalia.

Du bist als wie der Wolf, der an der Quelle stund
Und reines Wasser trank. Ein Lamm hat seinen Mund
425 Am Ende aus dem Fluß zur Nothdurft kühlen wollen.
Jedoch der Wolf wollt nicht: Drum hat das Lamm nicht
                                          sollen.
Er fuhr es ganz ergrimmt im vollen Eifer an:
Du machst das Wasser trüb! Das hab ich nicht gethan:
Der Fluß der läuft ja nicht zurück in deine Quelle.
430 Ja, sprach der Wolf, du bist ein rechter Diebs=Geselle;
Vor einem Viertheil Jahr da redtst du schlimm von mir.
Ach allerliebster Wolf! da war ich noch nicht hier,
[27] Auf dieser Welt zu sehn, sprach dieses Lamm dargegen.

Du willst dich, hieß es drauf, nun gar aufs leugnen legen:
Und wenn auch du von mir schon still geschwiegen hast; 435
So wars dein Vater doch. Ich hab dir aufgepaßt,
Und hab noch alte Schuld von deiner lieben Mutter
Und Grosse-Mutter her. Vorietzt bist du mein Futter.
Es half kein Bitten nicht: der Wolf zerriß das Lamm.

Melpomene.

Der Apfel fällt nicht weit von seinem alten Stamm. 440
Die Wölfe haben nichts als Wölfe noch gezeuget,
Und Menschen böser Art die bleiben bös geneiget.

Tharsus.

Du hast uns zwar wohl matt, doch nicht verzagt gemacht.

Sebulius.

Ach hättest du dafür an deine Pflicht gedacht!

Melpomene zu Thalia.

Die hat das böse Kind mit Willen ganz vergessen. 445
Wie oftmals hab ich nicht besorgt bey dir gesessen?
Wie hab ich dir den Neid, die Hoffart vorgestellt,
Als wie den stärksten Gift, das Unkraut dieser Welt?
Wie hab ich dich gelehrt, warum wir Menschen leben;
Und daß uns unsre Kraft von oben nicht gegeben, 450
Daß man sie nur allein zum Schaden brauchen soll?
Du selber wareſt oft betrübt und thränenvoll:
Wenn ich dich von der Bahn der stärksten Laster zoge,
Und dich zu Tugenden aufs zärtlichste bewoge.
Du schieneſt dazumal ein Kind von guter Art; 455
So daß ich selbst dadurch so stark bewogen ward,
[28] Dich aus besonderm Trieb recht mütterlich zu lieben.
Doch sagte mirs mein Herz: Du würdest mich betrüben;
Wie aber? wußt ich nicht. Erinnre dich der Zeit!
Ich sagt es dazumal ganz in Gelassenheit, 460
Und mehr besorgt für dich, daß dich es rühren sollte:
Wenn deine Schwachheit sich an mir vergehen wollte.

Mein Kind, ich sinne nach, was deine Eigenschaft
Besonders in sich hat, daß sie mit solcher Kraft
465 Mich dich zu lieben zwingt. Ich will dich doch betrachten.
Du aber hör mir zu! Ich will dich nicht verachten.
Denn daß du erstlich nicht gar wohl erzogen bist,
Das ist nicht deine Schuld. Dein Wesen aber ist
Gleichwohl von böser Art. Mehr will ich itzt nicht sagen:
470 Daß dich es nicht betrübt, und daß du nicht darfst klagen.
Du selber aber bist voll Hochmuth und voll Neid,
Unwissend, faul und stolz; und die Geschicklichkeit,
Die du von oben hast, willst du nicht recht gebrauchen.
Das gute lässest du ganz ohne Frucht verrauchen.
475 Und zieht der stolze Trieb dich etwas nachzuthun;
Fehlt doch der rechte Grund. Mein Kind! was sagst du
                                 nun?
Du mustest selbst gestehn: daß alle diese Gaben
Wahrhaftig schlechte Kraft, ein Herz zu rühren haben.
Und dessen ungeacht gieng meine Liebe fort.
480 Ich sagte dir zuletzt noch ein bedenklich Wort:
Entweder wird durch dich mein Glücke höher steigen:
Wo nicht; So wirst du mich gewiß zur Erden beugen
Durch vieles Ungemach, Was mir itzt Kummer macht,
Hat dich allein zum Grund. Wer hätte das gedacht?

Thalia.

485 Da sagst du nun das Ding so her vor allen Leuten.
Das sind ja Sachen noch von alten langen Zeiten.
Da war ich noch ein Kind, und ehrte dich zu sehr,
Mehr, als du würdig bist. Itzt aber fällt mirs schwer,
[29] Die Lection von dir, als wie ein Kind, zu hören.

Melpomene.

490 Nun gut! Ich will dich nicht durch mein Ermahnen stören.
Das soll das letzte seyn. Jedoch damit du dich
Erst besser kennen lernst, und dann hernach auch mich;
Uns beyde aber auch die kluge Welt kan richten,
Und unsern Unterscheid mit Wahrheit weislich schlichten;

So red ich dich nicht mehr in dem Verstande an,   495
Als hättest du mir was damit zu leid gethan.
Ich ändre itzt den Thon, und kan dich nun beschämen.
Dein frevelhaftes Thun, dein kühnes Unternehmen
Hat mehr Apollens Reich, als mich, dadurch verletzt,
Und seiner Herrlichkeit vermessen zugesetzt;   500
Um nur für dich von ihm Genade zu erzwingen,
Und mich indessen nur gewaltsam drum zu bringen.
Du hast dich wie ein Thier nach einem Raub bezeigt,
Das gar nicht eher ruht und auch nicht eher schweigt,
Als bis es voller Wuth das alles hat erjaget,   505
Was ihm Gesetz und Pflicht, ja die Natur versaget.

Themis zur Thalia.

Meynst du, Verstockte, denn die ganze Welt sey blind,
Daß sie die Wahrheit nicht in deinen Thaten sind?
Ihr Schweigen darf dich nicht zu Hochmuth ferner treiben.
Sie schätzt dich gar nichts werth und läst dich willig   510
                                                        bleiben
So dumm, als wie du bist. Man fragt gar nichts nach
                                                        dir,
Und deiner Raserey.

Melpomene.

                        Und auch nicht viel nach mir.
Es kan uns beyde noch die Welt gar wohl entrathen;
Doch den am meisten, der sich durch viel Laster-Thaten
[30] Verhaßt und strafbar macht. Was bildest du dir ein? 515
Mit wem hast du zu thun? Weist du wer diese seyn,
Die vor Apollens Reich behutsam wachen müssen,
Und auch nach Recht und Pflicht, nach redlichem Gewissen,
In allem ihre Pflicht gerecht und willig thun?
Die hast du angeklagt. Was sagst du? rede nun!   520

Thalia.

Ich denke: Mags doch seyn! Wenn ich nur das kan haben,
Was ich für mich verlang. Ich brauch so hohe Gaben,

So groſſe Einſicht, nicht. Mein Nutzen iſt mein Recht.
Auf dieſen bring ich nur gerade zu und ſchlecht.
525 Ich brauche weder dich, noch jemand ſonſt, zu ſchonen.
Was gehet ihr mich an? Ihr müſſet mich belohnen,
Daß ich nichts ärgers noch für euch erſonnen hab.
Es ſtund ja auch bey mir. Und ſprechet ihr mir ab,
Was ich von euch verlangt; So könnt ihrs doch nicht
                             wehren,
530 Daß ich darüber ſchrey.

Alethea.

Du läſt dich nicht belehren?
Ey nun ſo fahre hin! der Schaden bleibt auch dein.

zur Melpomene.

Du muſt ihr aber doch dafür noch dankbar ſeyn.
Ihr Drohen wird dir nun in Zukunft nicht mehr ſchaden.
Geh! ſetze dich durch Fleiß in vorige Genaden!
535 Bleib immer ohne falſch, gehorſam, redlich, treu,
Und halt dich ſchlecht und recht, und ordentlich darbey!
Vergiß dein Unglück nur, und danke recht mit Freuden,
Und ſey hinfort getroſt auf dein gehabtes Leiden!

[31]   Sebulius.

Und hierdurch hab ich nun auch neue Kraft gekriegt.

Tharſus.

540 Und mein beherzter Muth hat dieſen Schmerz beſiegt.

Melpomene.

Nun will ich alle Pflicht nach Möglichkeit bezeigen,
Und meine Dankbarkeit ſoll Lebenslang nicht ſchweigen.
Ihunder bin ich matt, und kan nichts weiter thun,
Als einen treuen Wunſch. Mein Herze wünſchet nun:

GOtt geb dem König Sieg, und beßre seine Feinde,
Erhalte Stadt und Land, und segne meine Freunde!

Versuch Schweizerischer Gedichte.

Kein Reiz sey stark genung, der deine Pflicht verhindert,
Kein Nutzen groß genung, der den des Staates mindert;
Such in des Landes Wohl und nicht beym Pöbel Ehr,
Sey jedem Bürger hold, dem Vaterland noch mehr.

[Vignette]